Made in the USA
Las Vegas, NV
25 September 2023

78120336R00060